# EL AURA HUMANA

Colores Astrales y
Formas de Pensamiento

por

**William Walker Atkinson**

Traducción de
**Marcela Allen Herrera**

www.**wisdom**collection.com

Título Original
The Human Aura
Astral Colors and Thought Forms
Traducción al español
El Aura Humana
Colores Astrales y Formas de Pensamiento

Todos los derechos reservados. No se permite la reproducción total o parcial de esta obra, ni su incorporación a un sistema informático, ni su transmisión en cualquier forma o por cualquier medio (electrónico, mecánico, fotocopia, grabación u otros) sin autorización previa y por escrito de los titulares del copyright. La infracción de dichos derechos puede constituir un delito contra la propiedad intelectual.

Copyright © 2016 Marcela Allen
All rights Reserved
Wisdom Collection LLC.
www.wisdomcollection.com

ISBN: 978-1-63934-003-3

La versión original de este libro fue publicada en el año 1912 por William Walker Atkinson bajo el seudónimo de

**SWAMI PANCHADASI**

Para otros títulos y obras del Nuevo Pensamiento, visita nuestro sitio web

www.**wisdom**collection.com

# INTRODUCCIÓN

Existe una energía luminosa o campo electromagnético en forma de óvalo que rodea a todos los seres vivos y que se conoce como "Aura Humana".

El aura tiene coloración y es distinta en cada persona, estos colores son resultado de los pensamientos y sentimientos más habituales del individuo, de su carácter; pero también va variando con los sentimientos o pensamientos que se manifiestan en un momento o tiempo determinado.

El color de un sentimiento pasajero desaparece pronto y se desvanece, mientras que el sentimiento más habitual, ligado a tu carácter, hace que su color correspondiente sea más permanente, por lo tanto, da un tono más definido al aspecto general del color áurico.

Estos colores son imperceptibles para la gran mayoría de las personas, pero son vistos o sentidos por quienes han desarrollado la visión clarividente y por quienes son más sensibles a las vibraciones emitidas, por esta razón, son capaces de determinar no sólo los pensamientos y sentimientos que pasan por la mente de una persona, sino también su carácter general, las tendencias, sus acciones pasadas y su naturaleza general.

Cada lugar, vivienda, oficina, sala, cada pueblo, ciudad, país, nación tiene su propia aura colectiva, conocida como "atmósfera astral", que es simplemente el reflejo combinado de las auras del individuo, de las unidades humanas de lo que se hace su cuerpo de habitantes. Estas vibraciones atmosféricas son claramente sentidas por muchas personas e instintivamente somos atraídos o repelidos por la misma razón.

Podemos obtener mucha información sobre la salud física, emocional y espiritual a través del conocimiento y estudio del aura, además es una gran ayuda para aprender a alinearnos con la energía divina y lograr una vida de mayor plenitud.

Este libro te llevará en una exploración de la naturaleza energética del ser, aprenderás aspectos básicos sobre el aura, el significado de cada uno de sus colores y además cómo visualizarlos para beneficiar tu mente, cuerpo y espíritu.

M.A.H.

## CONTENIDOS

Introducción

1. ¿Qué es el Aura Humana?......................... 1
2. Aura-Prana……………….................. 10
3. Colores Astrales……………............. 17
4. Colores Astrales (continuación)............. 25
5. Caleidoscopio Áurico ……….............. 34
6. Las Formas de Pensamiento…................ 42
7. Influencia Psíquica de los Colores......... 49
8. Magnetismo Áurico ……………............ 56
9. Desarrollo del Aura ………............. 64
10. El Aura Protectora ………….............. 71

# EL AURA HUMANA:

Colores Astrales y
Formas de Pensamiento

———————

# CAPÍTULO 1

## ¿QUÉ ES EL AURA HUMANA?

Con frecuencia las personas que han escuchado el término, pero que no están familiarizadas con este tema, se preguntan ¿qué es exactamente el aura? Simple como puede parecer la pregunta, no es en absoluto fácil de contestar con sencillez y claridad en pocas palabras, a menos que el oyente ya tenga un conocimiento general de la materia. Pero comenzaremos por el principio y veremos el tema desde el punto de vista de la persona que acaba de oír el término por primera vez.

Los diccionarios definen la palabra aura como: "Cualquier emanación sutil e invisible que rodea a las personas o a los objetos". Las autoridades inglesas, por regla general, atribuyen el origen de la palabra a un término en latín que significa "aire", pero las autoridades de la India insisten en que tuvo su origen en la raíz sánscrita Ar, que significa, el rayo de una rueda. Se percibe la importancia cuando recordamos el hecho de que el aura humana se irradia desde el cuerpo de la persona de una manera similar a la radiación de los rayos de una rueda desde el eje del mismo.

El origen sánscrito del término es el preferido por los ocultistas, aunque se ve que la idea de una emanación sutil indicada por la raíz latina no es ajena al significado real del término.

Sea cual sea el origen real del término, la idea del aura humana es una en la que todos los ocultistas están en pleno acuerdo y armonía, y es mencionada en todas las obras sobre el tema general de ocultismo. Así que comenzaremos por una consideración de la concepción principal de la misma, que asiste a todos los ocultistas avanzados, antiguos y modernos, omitiendo pequeños puntos de discrepancia teórica entre las diferentes escuelas.

Entonces, el aura humana puede ser descrita brevemente como una fina radiación etérea o emanación que rodea a cada ser humano vivo. Se extiende desde sesenta a noventa centímetros desde el cuerpo, en todas las direcciones. Adopta una forma oval, una gran nebulosa ovalada en forma de huevo que rodea el cuerpo por todos los lados a una distancia de sesenta o noventa centímetros. En términos comunes, a veces esta aura es referida como la "atmósfera psíquica" de una persona, o como su "atmósfera magnética."

Esta atmósfera o aura es evidente para un gran porcentaje de personas en el sentido de la conciencia psíquica generalmente llamada "sentimiento", aunque el término no es claro. La mayoría de las personas son más o menos conscientes de algo sutil sobre la personalidad de otros, que se puede percibir o sentir de una manera clara, aunque inusual, cuando las otras personas están cerca o incluso cuando pueden estar fuera del alcance de la visión. Estando fuera del rango normal de los cinco sentidos, nos inclinamos a pensar que hay algo raro o extraño sobre estos sentimientos de la personalidad proyectada. Pero cada persona, el fondo de su corazón, los conoce como realidades y admite su efecto sobre sus impresiones con respecto a las personas de las que emanan. Incluso los niños pequeños y también los bebés, perciben esta influencia y responden a ella como gusto y disgusto. Sin embargo, el testimonio humano sobre la existencia y el carácter del aura humana no termina con el reporte de los sentidos psíquicos a los que acabamos de referirnos. Hay muchos individuos, un porcentaje mucho mayor de lo que generalmente imaginamos, que tienen más o menos desarrollado el don de la visión psíquica.

Muchas personas tienen un poder de este tipo muy bien desarrollado, pero no lo mencionan a sus conocidos por temor al ridículo o a ser considerados como "raros". Aquí y allá se encuentran personas con visión clarividente bastante desarrollada o verdaderamente clarividentes, cuyos poderes de percepción psíquica están tan desarrollados como los sentidos comunes de la persona promedio. Los reportes de estas personas, que pueden estar muy separados en tiempo y espacio, están siempre de acuerdo con los puntos principales de los fenómenos psíquicos, especialmente en lo que respecta al aura humana.

Para la visión clarividente altamente desarrollada, cada ser humano se ve rodeado por el aura en forma de huevo de sesenta o noventa centímetros de profundidad, más densas y gruesas en la parte más cercana al cuerpo, y luego gradualmente más tenue y delgada e indistinta a medida que aumenta la distancia del cuerpo. Por la percepción psíquica, el aura es vista como una nube luminosa -una llama fosforescente – profunda y densa alrededor del centro y luego gradualmente sombreada en indistinción hacia los bordes. De hecho, como saben todos los ocultistas desarrollados, el aura realmente se extiende mucho más allá de lo que puede percibir incluso la mejor visión clarividente y en muchos casos su influencia psíquica es perceptible a una considerable distancia. En este sentido, podemos pensar en cualquier llama en el plano físico que se desvanece poco a poco hasta la indistinción, pero sus rayos persisten mucho más allá del alcance de la visión, como puede ser probado por medio de aparatos químicos.

Para la visión clarividente altamente desarrollada, el aura humana se ve que está compuesta por todos los colores del espectro, las combinaciones de colores difieren en varias personas y constantemente cambia, en el caso de cada persona. Estos colores reflejan los estados mentales, particularmente emocionales, de la persona en cuya aura se manifiestan. Cada estado mental tiene su propia combinación particular formada a partir de los pocos colores elementales que representan las condiciones mentales elementales. Como la mente está siempre cambiando sus estados, se deduce que siempre habrá una serie correspondiente de cambios en los colores del aura humana.

Los tonos y colores del aura presentan un espectáculo caleidoscópico siempre cambiante, de maravillosa belleza y carácter muy interesante. El ocultista entrenado es capaz de leer el carácter de una persona, así como la naturaleza de los pensamientos y sentimientos que pasan, simplemente estudiando los colores cambiantes de su aura. Para el ocultista desarrollado la mente y el carácter se vuelven como un libro abierto para ser estudiado cuidadosa e inteligentemente.

Incluso el estudiante de ocultismo que no ha sido capaz de desarrollar la visión clarividente a un grado tan elevado, pronto es capaz de desarrollar el sentido de la percepción psíquica con lo que es capaz de "sentir" las vibraciones del aura, aunque no pueda ver los colores, no obstante, es capaz de interpretar los estados mentales que las causan. Por supuesto, el principio es el mismo, ya que los colores no son más que la apariencia externa de las vibraciones, al igual que los colores comunes en el plano físico no son más que la manifestación externa de la vibración de la materia.

Pero no se debe suponer que el aura humana es siempre percibida en la aparición de una nube luminosa de color constantemente cambiante. Cuando decimos que tal es su aspecto característico, lo decimos en el mismo sentido que cuando describimos el océano como un cuerpo profundo, calmo, de aguas verdosas. Sin embargo, sabemos que a veces el océano no presenta tal apariencia, sino que vemos que aumenta en grandes olas montañosas, blancas en la superficie y amenazando con su poder a las pequeñas vasijas de los hombres. O cuando definimos la palabra "llama" en el sentido de un constante flujo luminoso de gas ardiente, sabemos que la palabra también indica las enormes lenguas feroces que fluyen desde las ventanas de un edificio en llamas y que destruyen todo con lo que entran en contacto.

Lo mismo sucede con el aura humana. A veces puede ser vista como una atmosfera luminosa bella, calmada, mostrando la apariencia de un gran ópalo bajo los rayos del sol. Por el contrario, puede ser vista ardiendo como las llamas de un gran horno, lanzando hacia adelante grandes lenguas de fuego en esta dirección, y subiendo y bajando en grandes olas de exaltación emocional o pasión, o tal vez dando vueltas como un gran torbellino de fuego hacia su centro, o como un remolino en movimiento hacia el exterior lejos de su centro. Una vez más, se puede ver como proyecta desde las profundidades de sus pequeños cuerpos o centros de vibración mental, que como chispas de un horno se desprenden de la llama central y viajan muy lejos en otras direcciones, éstas son las formas del pensamiento proyectadas de las cuales todos los ocultistas son aficionados de hablar y que dejan en claro muchas ocurrencias psíquicas extrañas.

Por lo tanto, se verá que el aura humana es una fase muy importante e interesante de la personalidad de cada individuo. La fase psíquica de la persona es tanto la persona en sí misma como lo es la fase física – el hombre completo se compone de las dos fases. El hombre invisible es tan real como el hombre visible. Como las formas más sutiles de la naturaleza son siempre más poderosas, así el hombre psíquico es más poderoso que el hombre físico.

En este libro hablo del aura humana y sus colores, como se percibe por la visión astral o clarividente, porque esta es la forma en que se percibe y es estudiado por el ocultista. La enseñanza oculta es esa, en la evolución de la raza esta visión astral con el tiempo se convertirá en una propiedad común de cada ser humano, incluso, existe ahora y sólo necesita el desarrollo para perfeccionarla.

Hoy en día la ciencia física moderna está ofreciendo pruebas corroborativas para el público en general (aunque la misma no es necesaria por el ocultista que tiene la visión astral), respecto a la existencia del aura humana.

En Europa, un número de científicos escribieron sobre el tema del aura y describieron los resultados de los experimentos en los cuales el aura fue percibida e incluso fotografiada por medio de pantallas fluorescentes, tales como los utilizados en la toma de rayos X, fotografías, etc. Las principales autoridades en Inglaterra, Francia y también en Alemania, informaron del descubrimiento de una nebulosa energía radioactiva o sustancia alrededor del cuerpo del ser humano. En resumen, ahora dicen que cada ser humano es radioactivo y que la radiación áurica puede ser registrada y percibida por medio de una pantalla compuesta de cierto material fluorescente interpuesto entre el ojo del observador y la persona observada.

Esta aura descubierta por los científicos es llamada por ellos como la "atmósfera humana" y es clasificada como similares a las radiaciones de otras sustancias radioactivas como, por ejemplo, el radio. Sin embargo, no han podido descubrir color en esta atmósfera y al parecer no saben nada de la relación entre los colores del aura y los estados mentales y emocionales, los cuales son tan familiares para todo ocultista avanzado.

Menciono este hecho simplemente como una cuestión de interés general e información para el estudiante, pero no para indicar, incluso en lo más mínimo, alguna idea de mi parte que la antigua enseñanza oculta y los fenómenos observados que acompañan a la misma con respecto a la humana aura, requiere ninguna prueba por parte de los científicos materiales. Por el contrario, siento que la ciencia material debería sentirse halagada por el respaldo de la ciencia oculta del nuevo descubrimiento de la "atmósfera humana". Posteriormente la ciencia material también puede descubrir los colores del aura y anunciarla al mundo como una nueva verdad.

# CAPÍTULO 2

## AURA-PRANA

Muchos escritores sobre el tema del aura humana se contentan con una descripción de los colores del aura mental o emocional y omiten casi cualquier referencia a la sustancia básica o el poder del aura. Esto es como la obra de Hamlet omitiendo el personaje de Hamlet, porque a menos que entendamos algo en relación con la sustancia fundamental de la que se compone el aura no podemos esperar a llegar a una clara comprensión de los fenómenos que surgen de esta sustancia fundamental, ni la razón de su existencia. Tampoco podríamos esperar que un estudiante entienda los principios del color sin que se haya familiarizado con los principios de la luz.

La sustancia fundamental de la que se compone el aura humana no es otra que aquel maravilloso principio de la naturaleza del cual se lee tanto en todas las escrituras ocultas, lo que ha sido llamado por muchos nombres, pero que es quizás mejor conocido bajo el término sánscrito, Prana, que puede considerarse como Esencia Vital, Poder de Vida, etc.

No es necesario en este libro entrar en la consideración general de la naturaleza y el carácter del Prana. Es suficiente considerarlo en su manifestación de Fuerza vital, Esencia de Vida, etc.

En su sentido más amplio, Prana realmente es el Principio de Energía en la naturaleza, pero en su relación con las formas vivientes es la Fuerza Vital que se encuentra en la base misma de la vida manifestada. Existe en todas las formas de los seres vivos, desde la forma más microscópica y más diminuta hasta las criaturas vivientes de los planos superiores, tanto más alto, como el hombre es a las formas de vida microscópicas simples. Los impregna a todos ellos y hace posible toda la actividad y funcionamiento de la vida.

Prana no es la mente ni el alma, sino que es más bien la fuerza o energía, a través de la cual, el alma manifiesta actividad y la mente manifiesta pensamiento. Es el vapor que hace funcionar la maquinaria física y mental de la vida. La sustancia del aura humana y los colores de los estados mentales se manifiestan en esa sustancia, al igual que los colores de los cuerpos químicos se manifiestan en la sustancia del agua. Pero Prana no es sustancia material, es mayor que la simple materia siendo la sustancia subyacente de la Energía o Fuerza en la naturaleza.

Si bien es cierto, como hemos visto, todas las auras se componen de la sustancia del Prana, también es cierto que hay una forma simple y elemental de la sustancia áurica a la que los ocultistas han dado el sencillo nombre de aura-prana para distinguirlo de las formas y fases más complejas del aura humana.

La simplicidad del carácter del aura-prana hace que se detecte o se perciba más rápidamente, que en el caso de las fases o formas más complejas del aura. Porque sólo los organismos más sensibles pueden distinguir las vibraciones más sutiles del aura mental y emocional y sólo la visión clarividente puede discernir su presencia por sus colores, pero casi cualquier persona, con un poco de cuidadosa experimentación, puede llegar a ser consciente de la presencia del aura-prana, no sólo en la forma de "sentirla", sino en muchos casos realmente verla con la visión común correctamente dirigida.

Por supuesto, lo que se conoce como el aura-prana es la forma o fase más sencilla del aura humana. Es la forma o fase que está más estrechamente vinculada con el cuerpo físico y está menos preocupada de los estados mentales. Este hecho ha provocado que algunos autores hablen de "aura de salud" o "aura física", ambos términos se aplican apropiadamente como veremos más adelante, aunque preferimos el término más simple que hemos usado aquí, el aura-prana. Porque el aura-prana muestra el estado de la salud de la persona que la irradia y también realmente contiene poder físico y magnetismo que puede y es impartido a los demás.

El aura-prana básica es prácticamente incolora, es decir, es como el color del agua más clara o un diamante muy claro. Por la visión clarividente se ve rayada o marcada por unas diminutas líneas como hebras, que irradian hacia fuera desde el cuerpo físico del individuo, de una manera muy parecida a "las púas del puercoespín", como lo expresó Shakespeare. En el caso de una excelente salud física, estas rayas como hebras son rígidas y de aspecto frágil, mientras que, si la salud general de la persona es deficiente, éstas radiaciones como hebras parecen estar más o menos enredadas, torcidas o rizadas; en algunos casos presentan un aspecto caído y en casos extremos presentan la apariencia de pelaje suave, flácido.

Puede resultar interesante para el estudiante saber que diminutas partículas de esta aura-prana, o magnetismo vital, se desprenden del cuerpo en conexión con exhalaciones físicas tales como aroma, etc., y siguen existiendo durante algún tiempo después de que la persona ha pasado desde el lugar en particular en el que fueron expulsadas. De hecho, como todos los ocultistas saben, son estas partículas del aura-prana las que sirven para dar vitalidad al "aroma" de los seres vivos y que permite a los perros y otros animales rastrear la pista de la persona o animal, por mucho tiempo después de que han pasado. No es sólo el olor físico, que debe ser muy leve como se verá con un poco de consideración, es realmente la presencia de las partículas del aura-prana que permite al perro distinguir las huellas de una persona entre la de miles de otras, y la hazaña es tanto psíquica como física.

Otra peculiaridad del aura-prana es que está llena de una multitud de partículas brillantes extremadamente pequeñas, que se asemejan a pequeñas chispas eléctricas las cuales están en constante movimiento. Estas chispas, que son visibles a las personas de poder psíquico ligeramente desarrollado, imparten un movimiento vibratorio al aura-prana que, bajo ciertas condiciones, es claramente visible para la persona promedio. Este movimiento vibratorio es similar a la circulación de aire caliente que surge de una estufa caliente o del calor de la tierra en un día en medio del verano.

Si el estudiante cierra parcialmente sus ojos y mira con los párpados entrecerrados y luego observa cuidadosamente a una persona sana que se siente en una luz tenue, puede percibir esta vibración pulsante ondulante que se extiende dos o cinco centímetros de la superficie del cuerpo. Se requiere un poco de habilidad para reconocer estas vibraciones, pero con un poco de práctica con frecuencia se logra; y después del primer reconocimiento, el asunto se vuelve fácil.

Una vez más, en el caso de las personas con cerebros activos, uno puede percibir esta pulsante aura-prana alrededor de la cabeza de la persona, particularmente cuando está ocupado en pensamiento concentrado activo. Un poco de práctica permitirá a casi cualquiera percibir débilmente los tenues contornos del aura-prana alrededor de sus propios dedos y manos, colocando su mano sobre un fondo negro, en una luz tenue y luego mirando con los párpados entrecerrados si es necesario. En estas circunstancias, después de un poco de práctica, uno podrá percibir una diminuta aura delineada, o radiación, o halo de una luz amarillenta pálida que rodea la mano.

Al extender los dedos percibirás que cada dedo está mostrando su propia pequeña aura-prana delineada. Cuanto más fuerte es la fuerza vital, más clara será la percepción del fenómeno. A menudo, en estos experimentos, el aura-prana aparecerá como la brillantez semi-luminosa que rodea la llama de una vela o una luz de gas. En las mejores condiciones, la radiación asumirá una apariencia casi fosforescente. Recuerda, esto es simplemente una cuestión de la vista común entrenada, no visión clarividente.

Esta aura-prana es idéntica con el magnetismo humano que se emplea en la sanación magnética común. Es decir, es la manifestación externa de la maravillosa fuerza pránica. Se siente cuando se da la mano o cuando se entra en contacto físico cercano con una persona fuertemente magnética. Por otro lado, es lo que las personas débiles, personas como vampiros humanos, inconsciente o conscientemente intentan extraer de las personas fuertes, si éstas les permiten hacerlo por falta de conocimiento de autoprotección. ¿Quién no ha conocido a personas de este tipo, que parecen minar su propia fuerza vital? Entonces, recuerda que el aura-prana es el aura o la radiación de la fuerza de la vida o poder vital, el cual es el vapor de tu actividad vital, física y mental. Es el vertido del "vapor" vital que está moviendo tu maquinaria vital. Su presencia indica Vida – su ausencia falta de Vida.

## CAPÍTULO 3

## LOS COLORES ASTRALES

El término "astral", tan frecuentemente usado por todos los ocultistas, es difícil de explicar o definir excepto para aquellos que han seguido un curso regular de estudios en la ciencia oculta. Para efectos de la presente consideración, es suficiente decir que más allá del plano común del sentido físico hay otro plano más sutil conocido como el Plano Astral.

Cada ser humano posee la facultad innata e inherente de sentir las cosas de este plano astral por medio de una extensión o ampliación de los poderes de los sentidos comunes, por así decirlo. Sin embargo, en la mayoría de las personas, en la etapa actual de desarrollo, estos sentidos astrales están en estado latente y pocas veces nos encontramos con individuos que son capaces de sentir en el plano astral; por supuesto, en el curso de la evolución, toda la raza será capaz de hacerlo.

Los colores del aura humana, mencionados en los dos capítulos anteriores, los cuales surgen de los diferentes estados mentales y emocionales, pertenecen a los fenómenos del plano astral y por lo tanto llevan el nombre de "colores astrales." Ya que son pertenecientes al plano astral y no al plano físico común, son percibidos sólo por los sentidos funcionando en el plano astral y son invisibles a la vista común del plano físico. No obstante, para aquellos que han desarrollado la visión astral o la clarividencia, estos colores son tan reales como lo son los colores comunes para la persona promedio, y sus fenómenos han sido tan cuidadosamente registrados por la ciencia oculta como los colores en el plano físico por la ciencia física.

El hecho de que para los sentidos físicos comunes sean invisibles, no significa que sean menos reales. En este aspecto, recuerda que para una persona ciega los colores físicos no existen, ni tampoco existen los colores corrientes para una persona "daltónica". La persona común en el plano físico es simplemente "daltónica" a los colores astrales, eso es todo.

En el plano astral cada tono de un estado mental o emocional tiene su correspondiente color astral, éste se manifiesta cuando aparecen las formas. Entonces, de ello se desprende que una vez que el ocultista tiene la clave para esta correspondencia de color y es capaz de percibir los colores astrales por medio de su visión astral, es también capaz de leer los estados mentales y emocionales de una persona dentro del rango de su visión, tan fácilmente como tú estás leyendo las palabras impresas de este libro.

Antes de proceder a considerar la lista de colores astrales en el aura humana, quisiera llamar tu atención sobre una ligera variación en el caso del aura-prana, del cual he hablado en el capítulo anterior. He dicho que el aura-prana es incolora como un diamante o como el agua clara. Esto es cierto en el caso promedio, pero en el caso de una persona de vitalidad física muy fuerte, el aura-prana adquiere a veces un tinte de color rosa pálido, que es realmente una reflexión del color astral rojo, el significado del color que ahora deberás aprender.

Al igual que sus contrapartes en el plano físico, todos los colores astrales se forman a partir de tres colores primarios, que son (1) Rojo (2) Azul (3) Amarillo. A partir de estos tres colores primarios se forman todos los demás colores. Siguiendo los colores primarios, encontramos lo que se conoce como los colores secundarios, que son: (1) Verde, derivado de una combinación de amarillo y azul; (2) Naranjo, formado a partir de una combinación de amarillo y rojo; y (3) Púrpura formado a partir de una combinación de rojo y azul. Otras combinaciones producen los otros colores, como, por ejemplo, verde y púrpura forman oliva; Naranjo y púrpura un color bermejo. El negro es llamado la ausencia de color, mientras que el blanco es en realidad una mezcla armoniosa de todos los colores, por extraño que esto pueda parecer para alguien que no haya estudiado el tema.

La combinación de los colores primarios en proporciones variadas produce lo que se conoce como "matices" de color. Adicionando el color blanco a las tonalidades, obtenemos "tintes"; mientras que si mezclamos Negro produce "sombras". En sentido estricto el Blanco y el Negro son conocidos como colores "neutros".

Ahora, para el significado de los colores astrales, es decir, la explicación del estado mental o emocional representado por cada uno, pido que el estudiante se familiarice con el significado de los colores primarios y sus combinaciones. Una comprensión clara de la clave de los colores astrales a menudo es una ayuda en el desarrollo de la visión astral.

## CLAVE DE LOS COLORES ASTRALES

### Rojo

El rojo representa la fase física de la mentalidad. Es decir, significa una parte de las actividades mentales relacionadas con la vida física. Se manifiesta por la vitalidad del cuerpo y en otros tonos, matices y sombras es manifestada por las pasiones, ira, ansiedad física, etc. Voy a describir las diversas formas de manifestación rojas, un poco más adelante.

## Azul

El azul representa la fase de la mentalidad religiosa o espiritual. Es decir, significa esa parte de las actividades mentales concernientes con altos ideales, altruismo, devoción, reverencia, veneración, etc. Se manifiesta en sus diversas tonalidades, matices y sombras por todas las formas de sentimiento religioso y la emoción, alta y baja, como veremos a medida que avanzamos.

## Amarillo

El amarillo representa la fase intelectual de mentalidad. Es decir que significa una parte de las actividades mentales relacionadas con el razonamiento, el análisis, el juicio, los procesos lógicos, inducción, deducción, síntesis, etc. En sus diversos matices, tonos y sombras es manifestada por las distintas formas de la actividad intelectual, altos y bajos, como veremos a medida que avanzamos.

## Blanco

El blanco representa lo que los ocultistas conocen como Espíritu Puro, que es una cosa muy diferente de la emoción religiosa de la "espiritualidad" y que, en realidad, es la esencia de Todo lo que realmente es. El Espíritu Puro es el polo positivo del Ser. A medida que avanzamos veremos la parte desempeñada por él en los colores astrales.

## Negro

El negro representa el polo negativo del Ser, la negación misma del Espíritu Puro y opuesto en todos los sentidos. Veremos el papel desempeñado por él en los colores astrales, a medida que avanzamos.

Las diversas combinaciones de los tres colores primarios astrales se forman en conexión con Blanco y Negro, así como por la mezcla de los tres mismos. Por supuesto, estas combinaciones son resultado de las sombras de la actividad mental y emocional manifestada por la individualidad, de la que son el reflejo y la clave. Sin embargo, las combinaciones y mezcla de los colores astrales son innumerables y presentan una variedad casi infinita.

No sólo es la combinación causada por la mezcla de los colores en sí mismos, en relación con el blanco y negro, sino en muchos casos se encuentra el cuerpo de un color con rayas, puntos o nublado por otros colores. A veces se percibe la mezcla de dos corrientes de colores antagónicos que luchan una contra la otra antes de mezclarse. Una vez más vemos el efecto de un color neutralizando otro.

En algunos casos, grandes nubes negras oscurecen los colores brillantes que están debajo y luego oscurecen el brillo del color, al igual que a menudo se ve en el caso de una conflagración física. Así también, nos encontramos con grandes destellos de color amarillo brillante o rojo, resplandeciendo a través del campo del aura, mostrando agitación o el conflicto del intelecto y la pasión.

El estudiante promedio, que no ha desarrollado la visión astral, se inclina a pensar que los colores astrales en el aura humana presentan el aspecto de un arco iris en forma de huevo, o espectro, o algo por el estilo, pero esto es un gran error. En primer lugar, los colores astrales rara vez están en reposo, porque toda la actividad mental y emocional es el resultado de la vibración, el cambio y el movimiento rítmico. En consecuencia, los colores del aura presentan un aspecto caleidoscópico, de constantes cambios de color, forma y agrupamiento, una gran pantalla eléctrica, por así decirlo, en constante cambio y mezcla.

Grandes lenguas de emanaciones como flamas se proyectan más allá de la frontera del aura bajo sentimientos o emociones fuertes y se manifiestan grandes remolinos vibratorios. La vista es fascinante, aunque algo aterradora al principio. La naturaleza es sabia al otorgar el don de la visión astral sólo de forma gradual y por etapas de avance casi imperceptibles. En el plano astral hay muchas vistas desagradables, así como agradables.

# CAPÍTULO 4

## LOS COLORES ASTRALES
### (Continuación)

Recuerda siempre la importancia de los tres colores primarios en el plano astral, consideremos el significado de las combinaciones, tonos, sombras y matices de estos colores.

## Grupo Rojo

En este grupo de colores astrales vistos en el aura humana, encontramos fuertemente en evidencia la sombra roja clara brillante, similar a la de la sangre arterial fresca y pura que sale del corazón, llena de material puro, recién oxigenado. Esta sombra en el aura indica salud, fuerza de vida, vigor, energía, etc., en forma pura y no contaminada. El aura de un niño sano, fuerte, muestra este tono de color claramente y fuertemente.

Las emociones fuertes, puras y naturales, tales como la amistad, el amor por la compañía, amor por el ejercicio físico, deportes sanos, etc., se manifiestan por una sombra clara, limpia de color rojo. Cuando estos sentimientos son contaminados por el egoísmo, motivos bajos, etc., la sombra se hace más oscura y más apagada. Amor hacia bajas compañías, deportes impuros o juegos egoístas, etc., producen una tonalidad roja fangosa desagradable.

Un tono de rojo, muy cercano al carmesí, es el color astral del amor, pero el matiz y la sombra varía mucho en función de la naturaleza de esta forma de sentimiento emocional. Una forma de amor muy alta, que busca el bien de la persona amada, en lugar de la satisfacción de uno mismo, se manifiesta como un hermoso tinte rosa, por cierto, uno de los tintes astrales más agradables. Descendiendo en la escala, encontramos la sombra carmesí cada vez más oscura y más apagada, hasta que desciende al plano de lo impuro, la pasión sensual, que se manifiesta por un color carmesí opaco, feo y fangoso, de una apariencia repulsiva, lo que sugiere la sangre mezclada con tierra sucia.

Una serie peculiar de tonos rojos son los que manifiesta la ira en sus diversas formas, desde los intensos destellos escarlata, que surgen de lo que puede llamarse "justa indignación", abajo en la escala de los desagradables destellos de profundo rojo opaco, signo de la rabia y la pasión descontrolada.

El rojo de la ira generalmente muestra en sí destellos o grandes llamas que saltan, a menudo acompañadas por un fondo negro en el caso de odio malicioso, o por un fondo sucio de color verdoso cuando la rabia surge de los celos o la envidia.

El color de la avaricia es una combinación muy grotesca del color rojo oscuro y un desagradable color verde sucio. Si las personas pudieran ver sus propios colores astrales que acompañan a estos estados mentales indeseables, la vista les desagradaría tanto que trabajarían en una cura para tales estados. En cualquier caso, son más repugnantes y repulsivos para el ocultista que contempla el aura humana, y que a menudo se pregunta cómo no enferman a la persona que los manifiesta, a decir verdad, a menudo lo hacen.

## Grupo Amarillo

En este grupo de colores astrales vistos en el aura humana, encontramos tantas variedades como lo hacemos en el grupo rojo. El amarillo, que denota inteligencia, tiene muchos grados de sombra y matices, y muchos grados de claridad.

Una sombra interesante en este grupo es el naranja, que representa diferentes formas de "orgullo del intelecto", la ambición intelectual, el amor de la maestría por la voluntad, etc. Mientras mayor sea el grado de rojo en el color astral naranja, mayor es la relación con la naturaleza física o animal. El orgullo y el amor de poder por sobre los demás tiene mucho rojo en su color astral, mientras que el amor por la maestría intelectual tiene mucho menos rojo en su composición.

El logro intelectual puro y el amor del mismo se manifiesta por un precioso claro color amarillo dorado. Los grandes maestros a menudo lo tienen tan firmemente, que a veces sus estudiantes tienen destellos de un "halo" alrededor de la cabeza del maestro. Los maestros de gran espiritualidad tienen este "halo" de color amarillo dorado, con un borde de un hermoso tinte azul.

Las pinturas de los grandes maestros espirituales de la raza, por lo general, tienen este resplandor representado como un "halo", lo que muestra un reconocimiento del fenómeno por parte de los grandes artistas. La célebre pintura de Hoffman, de Cristo en el huerto de Getsemaní, muestra este nimbo representado con tanta precisión, que el ocultista está convencido de que este artista debe haber sido testigo de una escena similar en la luz astral, muy fiel a los hechos astrales en sus detalles. Las imágenes de Buda también muestran este resplandor.

Los ricos tonos dorados del amarillo intelectual son relativamente raros, un color limón pálido es el único indicio del poder intelectual y se encuentra en un gran número de personas. A la vista del ocultista, empleando su poder de visión astral, en una multitud de personas se manifestará aquí y allá en puntos muy distantes entre sí, el amarillo dorado brillante del verdadero intelecto aparece como velas encendidas dispersas entre una multitud de débiles fósforos encendidos.

## Grupo Verde

Se trata de un peculiar grupo que, por supuesto, consiste en varias combinaciones de azules y amarillos, teñidos y sombreados por blanco o negro. Incluso a los ocultistas expertos les resulta muy difícil explicar el hecho de ciertos tonos verdes que surgen del azul espiritual y el amarillo intelectual, este es uno de los puntos más oscuros en todo el tema de los colores astrales y sólo los ocultistas más avanzados son capaces de explicar el "por qué" en algunos casos. Para aquellos que gustan del análisis de este tipo, voy a dejar caer la siguiente pista que puede ayudarles en la materia. La clave se encuentra en el hecho de que el verde se encuentra en el centro del espectro astral y es un equilibrio entre los dos extremos, y también está influenciado por estos dos extremos de una manera sorprendente.

Un cierto verde reposado denota amor por la naturaleza, una vida puertas afuera, los viajes, etc., y también, con ligeras diferencias en el tono, el amor por escenas del hogar, etc. Un claro y hermoso tinte de verde claro indica lo que puede ser llamado simpatía, la emoción altruista, caridad, etc. Una vez más, lo que ilustra la variedad en este grupo de colores astrales, otro tono de verde muestra la tolerancia intelectual de las opiniones de los demás. Ascendiendo en grado esto indica tacto, diplomacia, capacidad para manejar la naturaleza humana y descendiendo en grado más o menos se funde con la falta de sinceridad, astucia, la mentira, etc. Hay un feo color verde que indica lo bajo, complicado y engañoso. Lamento decir que esta es una sombra muy común en los colores del aura normal. Finalmente, un verde particularmente feo, fangoso, turbio indica celos y sentimientos afines, malicia, envidia, etc.

## Grupo Azul

Este interesante grupo de colores astrales representa variadas formas y grados de emoción religiosa, "espiritualidad", etc. La forma más elevada del pensamiento y sentimiento espiritual, religioso está representada por un hermoso tinte púrpura claro, mientras que la más baja y más burda de las fases del pensamiento y emoción religiosa está representado por los tonos más oscuros y más apagados, hasta que se alcanza un profundo, oscuro color índigo, tan oscuro que apenas se puede distinguir de un negro azulado. Como es de suponer, este último color indica una baja forma supersticiosa de religión, apenas digno de este último nombre. Debemos recordar que la religión tiene sus lugares bajos, así como sus alturas, en su jardín crecen las flores más excepcionales y al mismo tiempo las más viles malezas.

Los sentimientos espirituales, el verdadero desarrollo espiritual, es indicado mediante una maravillosa luz azul clara, algo parecido a la luz azul clara del cielo en una tarde fresca de otoño, justo antes de la puesta del sol. Incluso en la naturaleza, cuando somos testigos de este color, nos inspira un sentimiento edificante como si estuviéramos en presencia de las cosas más elevadas, la intuición con respecto a estas cosas es verdadera.

La moral de un alto grado es indicada mediante una serie de hermosas tonalidades de azul, siempre de un tinte claro inspirador. El sentimiento religioso gobernado por el miedo se indica mediante un tono de gris azulado. El Púrpura denota un amor a la forma y la ceremonia, en particular, lo relacionado con los oficios religiosos o la grandeza real de una especie solemne. Púrpura, naturalmente, fue elegido como el color real en los viejos tiempos.

### Grupo Marrón

El grupo marrón de los colores astrales representa el deseo de ganancia y acumulación, que van desde el marrón claro de la acumulación laboriosa, a los marrones apagados turbios de la avaricia y la codicia. Como se puede imaginar, existe una gran variedad en este grupo de tonos de color marrón.

### Grupo Gris

El grupo de grises representa un grupo negativo de pensamiento y emociones. El gris representa el miedo, la depresión, la falta de coraje, negatividad, etc. Este es un grupo indeseable y desagradable.

### Grupo Negro

En los colores astrales, el negro es sinónimo de odio, malicia, venganza, y "diabólico" en general. Ensombrece a los colores más brillantes a sus aspectos más bajos y les priva de su belleza. Es sinónimo de odio también de tristeza, depresión, pesimismo, etc.

## Grupo Blanco

Como hemos visto, el blanco es el color astral del Espíritu puro y su presencia aumenta el grado de los otros colores y los hace más claros. De hecho, la percepción del grado más alto del Ser, conocido por el ocultista más avanzado, se manifiesta en los más altos adeptos y maestros en la forma de "La Gran Luz Blanca", la cual trasciende cualquier luz jamás observada por la vista del hombre, tanto en el plano físico como el plano astral, porque pertenece a un plano más elevado que cualquiera de los dos, y es absoluto, en lugar de un relativo blanco. La presencia de blanco entre los colores astrales del aura humana es garantía de un alto grado de logro y desarrollo espiritual y cuando se ve que impregna toda el aura es uno de los signos del Maestro – el símbolo del iniciado.

## CAPÍTULO 5

## EL CALEIDOSCOPIO ÁURICO

Como hemos visto, el aura humana nunca está en un estado de reposo absoluto o quietud. Está siempre manifestando cambio y movimiento. Tiene sus períodos de relativa calma, por supuesto, pero incluso en este estado hay un pulso, un movimiento ondulatorio aparente. Las nubes de cambiante color vuelan sobre su superficie y en su profundidad como las rápidas nubes algodonadas sobre el cielo de verano, iluminadas por los rayos del sol.

Nuevamente, feroces tormentas de actividad mental o estrés emocional perturban su relativa calma y son vistas salvajes escenas en el aura por el observador. Tan intensas son las vibraciones de algunas de estas tormentas mentales que su efecto es claramente sentido por la persona promedio, a pesar de que no es capaz de distinguir los colores o los grandes remolinos de la sustancia áurica que los acompaña.

Una persona sumergida en un ensueño, un estado somnoliento o el sueño, presenta un interesante calidoscopio áurico que posee una gran belleza si la persona es de una moralidad normal o promedio. En tal caso hay una nubosa claridad (si se puede usar ese término) teñido de tonos y matices de diversos colores, mezclado en combinaciones extrañas e interesantes, apareciendo gradualmente a partir de las combinaciones anteriores y sumergiéndose poco a poco en otros nuevos.

Para el observador del aura, el término "opalescente" se presenta instintivamente a sí mismo, porque hay un parecido sorprendente con la opalina, un peculiar juego de colores opalinos de delicados tintes y matices en un cuerpo de tono perlado o una tonalidad lechosa. Sombras de colores en el color, matices en los matices, al igual que en la escala de colores del espectro del cual el arco iris es el ejemplo más familiar. Pero el arco iris o espectro carece de la peculiar semi-transparencia de los colores del aura y también el cambio constante y la disolución de colores del aura.

En este punto, deseo llamar tu atención sobre una fase del aura que deliberadamente he pasado por alto en los capítulos anteriores. Me refiero a la fase del aura que presenta la apariencia "perlada" del cuerpo opalescente, que acabamos de señalar. Esta apariencia no se manifiesta por ninguno de los estados mentales o emocionales, ni es el aura-prana o fuerza vital que he descrito en el capítulo anterior. Es la manifestación de lo que se conoce por los ocultistas como "sustancia etérica" y es una característica muy interesante del fenómeno áurico.

Esta sustancia etérica que manifiesta este peculiar resplandor en el cuerpo del aura, compone lo que es llamado por algunos ocultistas el "cuerpo astral", pero este último término también se emplea en otro sentido, y yo prefiero usar el término "doble etérico" para indicar lo que algunos otros conocen como "cuerpo astral". La sustancia etérica es una forma de sustancia mucho más fina que la que compone el cuerpo físico. Es realmente materia en un grado muy alto de vibración, mucho más alto que incluso la materia ultra-gaseosa de la sustancia física. Normalmente, solo puede ser sentida en el plano astral, que es su propio plano particular de actividad.

El doble etérico, compuesto de esta sustancia etérica, es la contraparte exacta de su parte física, el cuerpo físico común del individuo, aunque es capaz de una gran expansión o contracción en el espacio. Al igual que el cuerpo físico irradia un aura y esta combinación con las otras formas del cuerpo áurico le confiere su peculiar aspecto perlado, que es el fondo la opalescencia señalada anteriormente.

El doble etérico explica el fenómeno de las apariencias espectrales o fantasmas, ya que persiste durante un tiempo después de la muerte del cuerpo físico y bajo algunas condiciones se hace visible a la vista común. Se proyecta a veces desde el cuerpo físico y en esos momentos aparece como una aparición de los vivos, de los cuales hay muchos casos registrados por las sociedades que investigan temas psíquicos.

Se hace referencia aquí del doble etérico o cuerpo astral, simplemente para explicar el peculiar tinte perlado del fondo, o el cuerpo del aura, a través del cual los colores áuricos mentales y emocionales juegan y se mueven. Quizá te interese saber que esta fase del aura está siempre presente alrededor de un "fantasma" o alma sin cuerpo desmaterializada, o "espíritu" como su uso común lo denomina.

Por supuesto, el aura de la persona despierta es de color mucho más activo y más profundo que la de la persona en ensueño o dormida. Nuevamente, el aura de la persona que manifiesta un alto grado de actividad mental, o un fuerte sentimiento o pasión, es todavía más brillante y más profunda que la persona común que realiza su rutina diaria de trabajo.

Por ejemplo, en el estado de ira, o el amor, o la pasión, el aura es perturbada violentamente y profundas sombras de color como torbellinos dan vueltas en las profundidades y en la superficie del cuerpo áurico. Brotan como relámpagos y grandes masas de nubes vuelan en la superficie. Mirar el aura de un hombre con rabia y pasión es como mirar el Infierno. El plano astral, en la región de una turba u otra agrupación de personas llenas de rabia, se convierte en una escena espantosa de radiación áurica.

Una persona llena de la emoción del amor puro, llena su aura con los más bellos tonos y matices de color rosa, y observarlo es un placer totalmente apreciado por el ocultista. Una iglesia llena de personas de una alta idealidad devocional es también un lugar hermoso, debido a la mezcla de las vibraciones de color azul-púrpura del aura de las personas allí concentradas. La atmosfera de una prisión es muy deprimente y presenta el aspecto más desagradable para quien posee la visión astral. Del mismo modo, la atmósfera astral de una morada de vicio y pasión se hace realmente nauseabundo físicamente para el ocultista de altos ideales y gustos. Tales escenas en el plano astral son evitadas por todos los verdaderos ocultistas, excepto cuando la llamada del deber les lleva a visitarlos para dar ayuda.

Hay dos características distintas relacionadas con la coloración del aura de cada persona. La primera es la coloración que resulta de los pensamientos y sentimientos más habituales de la persona, de hecho, de su carácter; mientras que la segunda es la coloración resultante de los sentimientos particulares o pensamientos que se manifiesta en un momento o tiempo determinado.

El color del sentimiento del momento desaparece y se desvanece pronto, mientras que el sentimiento más habitual, ligado a su carácter, hace que su color correspondiente sea más permanente, por lo tanto, da un tono definido a su aspecto general del color áurico.

Por esta razón, el ocultista entrenado es capaz de determinar no sólo los pensamientos y sentimientos que pasan en una persona, sino también determinar infaliblemente su carácter general, las tendencias, el carácter y acciones pasadas y su naturaleza general, sólo a partir de un cuidadoso examen y estudio de los colores del aura de la persona en cuestión.

Como todos los ocultistas bien saben, cada lugar, vivienda, local comercial, iglesia, sala, cada pueblo, ciudad, país, nación tiene su propia aura colectiva, conocida como "la atmósfera astral", que es simplemente el reflejo combinado de las auras individuales de las unidades humanas de las cuales está constituido su cuerpo de habitantes. Estas vibraciones atmosféricas son claramente sentidas por muchas personas y somos instintivamente atraídos o repelidos por la misma razón. Sin embargo, para los ocultistas desarrollados, estos lugares manifiestan los colores áuricos en las combinaciones que surgen de la naturaleza de la mentalidad de las personas que habitan en ellos.

Cada lugar tiene su aura colectiva, al igual que cada persona tiene su aura individual. El plano astral presenta una maravillosa escena de colores por ésta y otras causas. En algunos casos, la armonía de la combinación de colores es maravillosamente hermosa; mientras que el aspecto terrible de las escenas se asemeja a una visión de pesadilla de la peor clase.

Es fácil entender por qué algunos de los antiguos que tropezó en algunas vistas del plano astral, en un estado de sueño o trance, informó la visión de terribles infiernos de fuego, lagos de fuego de azufre, etc., naturalmente, tales ideas vienen a la mente de la persona desinformada que se había asomado en el plano astral en tales casos.

De la misma manera, las visiones del cielo reportadas por los santos y otros de alta espiritualidad, son explicables en la teoría de que estas personas habían percibido algunas de las hermosas escenas de los planos astrales superiores, llenos de la combinación áurica tintes y matices de almas de alto desarrollo. El principio de los colores áuricos es válido en todos los muchos planos del ser y la existencia, tanto altos como bajos.

Simplemente insinúo una gran verdad oculta al hacer las declaraciones anteriores. El reflexivo será capaz de leer entre líneas. Les he dado una pequeña llave que abrirá la puerta de muchos misterios, si la utilizas de forma inteligente.

## CAPÍTULO 6

## LAS FORMAS DE PENSAMIENTO

Esa interesante etapa de los fenómenos ocultos, conocido como "formas del pensamiento", está tan estrechamente relacionada con el tema general del aura humana que una mención de una debe conducir naturalmente a la idea de la otra.

Las formas del pensamiento se construyen del mismo material que componen el aura y manifiestan todas sus características generales, incluso los colores áuricos. Es necesaria una comprensión de los hechos del aura humana para una correcta comprensión de la naturaleza de las formas de pensamiento compuestas por la misma sustancia.

La "forma del pensamiento" es una peculiar manifestación de la actividad mental en el plano astral. Es más que una poderosa perturbación en el cuerpo del aura humana, aunque este es el lugar de su elaboración o nacimiento en el mundo objetivo. Se forma de la siguiente manera: Una persona manifiesta un fuerte deseo, sentimiento o idea, la cual es naturalmente satisfecha con la fuerza dinámica de su voluntad. Esto establece una serie de fuertes vibraciones en el cuerpo del aura, que gradualmente se resuelven en un fuerte centro giratorio de fuerza de pensamiento, envuelto en una masa de fuerte sustancia áurica cohesiva y fuertemente cargada con el poder del prana de la persona.

En algunos casos, estas formas de pensamiento sobreviven en el cuerpo áurico por algún tiempo y luego se desvanecen poco a poco. En otros casos, sobreviven y mantienen una existencia casi independiente por algún tiempo y ejercen una fuerte influencia sobre otras personas próximas, en presencia de la persona. Nuevamente, estas formas de pensamiento pueden ser tan fuertemente cargadas con el prana y tan imbuidas con la fuerza mental de la persona que, en realidad, serán arrojadas fuera y lejos del aura misma y viajarán en el espacio hasta que agoten su energía inicial; mientras tanto, ejercerán una influencia sobre el aura psíquica de otras personas.

Una forma de pensamiento es más que simplemente un fuerte pensamiento manifestado, realmente es tal pensamiento, pero rodeado de un cuerpo de sustancia etérea, cargado con prana e incluso llevando consigo la vibración de la energía de vida de su creador. Es un hijo de la mente de su creador y adquiere una parte de su esencia de vida, por así decirlo, que permanece con ella durante un tiempo después de su nacimiento. En casos extremos se vuelve prácticamente una fuerza elemental semi-viviente, relativamente de corta vida.

Para los que les resulta difícil entender cómo una forma de pensamiento puede persistir después de la separación de la presencia del pensador, yo diría que el fenómeno es similar al de la luz que viaja en el espacio mucho después de que la estrella que lo originó ha sido destruida. O como las vibraciones de calor que quedan en una habitación después de que la estufa que la originó se ha apagado o el fuego en la chimenea ha desaparecido. O como las ondas de sonido del tambor que persisten después que el propio golpe ha cesado. Es toda una cuestión de la persistencia de las vibraciones.

Las formas de pensamiento son muy diferentes una de otra en cuanto a forma y aspecto general. La forma más común y simple es la de una ola ondulada o una serie de pequeñas olas, asemejándose a los círculos causados por la caída de una piedra en un estanque tranquilo. Otra forma es la de una pequeña rotación de una sustancia similar a una nube, algunas veces girando hacia un punto central, como un torbellino, y otras veces alejándose desde el punto central, como los fuegos artificiales. Otra forma es similar al anillo de humo proyectado desde los labios redondeados de un fumador, pero en este caso el movimiento es de una forma de rotación en espiral. Otras formas de pensamiento tienen la apariencia de rápidas bolas giratorias de una sustancia nubosa, a menudo brillante con una débil fosforescencia.

A veces la forma de pensamiento aparecerá como un gran chorro delgado, como el vapor expulsado desde la boca de una tetera, que a veces se divide en una serie de chorros cortos saliendo inflados, cada uno siguiendo el chorro que le precede y viajando en una línea recta. A veces la forma de pensamiento se dispara como un rayo de luz tenue, casi parecido a un rayo de luz brillando desde un espejo.

En casos de las formas de pensamiento enviados por la emoción explosiva, realmente toma la forma de una bomba que literalmente explota cuando llega a la presencia de la persona hacia la cual se dirige. Cada persona ha experimentado esta sensación de una bomba de pensamiento que ha explotado cerca, después de haber sido dirigido por una personalidad vigorosa. Esta forma se encuentra con frecuencia en pensamientos enviados por un fuerte, serio y vigoroso orador.

Hay fuertes formas de pensamiento que parecen hacer retroceder a la otra persona, representan perfectamente la idea y sentimiento detrás de su manifestación. Otras parecen esforzarse por rodear a la otra persona y literalmente tratan de arrastrarla hacia la primera persona, esta forma a menudo acompaña a una fuerte apariencia, persuasión, convencimiento, cuando están acompañados por un fuerte deseo. Una forma particularmente vigorosa de este tipo de pensamiento toma la apariencia de un nebuloso pulpo, con largos y sinuosos tentáculos tratando de envolver a la otra persona y atrayéndolo hacia el centro.

La fuerza del sentimiento detrás de la manifestación de la forma de pensamiento a menudo viaja una larga distancia desde el emisor, de hecho, en casos de gran poder de concentración, el espacio no parece ser ninguna barrera para su paso. En casos notables de transmisión del pensamiento, se encontró que las formas de pensamiento juegan un papel muy importante.

Las variedades de aspectos de las formas de pensamiento son casi interminables. Cada combinación de pensamiento y sentimiento crea su propia forma y cada individuo parece tener sus propias peculiaridades en este sentido. Sin embargo, las formas que he descrito más arriba servirán como casos típicos para ilustrar las clases más comunes de apariencias. Sin embargo, la lista podría ampliarse indefinidamente de la experiencia de cualquier ocultista experimentado. Todas las variedades de formas geométricas se encuentran entre las formas de pensamiento, algunas de ellas de notable belleza.

Al considerar el tema de las formas de pensamiento proyectados, debe recordarse que tienen y manifiestan los mismos colores que el aura, porque están compuestos del mismo material y están cargados con la misma energía. No obstante, nota la diferencia que, mientras que el aura es energizada por la constante batería del organismo del individuo, por el contrario, la forma de pensamiento tiene a su servicio sólo la energía con la que fue cargada cuando fue lanzada hacia afuera, tiene acumulada su energía, por así decirlo, y con el tiempo va gastando todo su poder hasta que pierde completamente su poder.

Cada forma de pensamiento lleva el mismo color que tendría si hubiera sido retenido en el cuerpo del aura. Pero, por regla general, los colores son más claros y menos mezclado con otros, porque cada forma de pensamiento es la representación de un solo y definido sentimiento o pensamiento, o grupo de lo mismo, en lugar de ser un cuerpo disperso de diferentes vibraciones mentales. Así, la forma de pensamiento de la ira mostrará su negro y rojo con sus destellos característicos. La forma de pensamiento de la pasión manifestará sus colores áuricos apropiados y características generales. La forma de pensamiento del elevado amor ideal mostrará su bella forma y armonioso tinte, como una maravillosa flor celestial del jardín de algún lejano paraíso.

Muchas formas de pensamiento nunca abandonan los límites externos del aura, mientras que otros son proyectados a grandes distancias. Algunos salen fuertemente y se desintegran a medida que viajan, mientras que otros siguen brillando como un trozo de hierro caliente, durante muchas horas. Otros persisten durante mucho tiempo, con un débil brillo fosforescente.

Un estudio cuidadoso de lo que se ha dicho con respecto a las características de los diferentes sentimientos y emociones, tal como se manifiesta en el cuerpo áurico, le dará al estudiante una idea general muy clara de lo que puede ser la apariencia de cualquier variedad particular de forma de pensamiento, ya que un principio general se extiende a través de toda la serie de fenómenos áuricos. Una comprensión de los principios fundamentales conducirá a una comprensión de cualquiera de las variedades particulares de la manifestación de los mismos.

Finalmente, recuerda esto: Una forma de pensamiento es prácticamente un poco del aura desprendida de una persona, cargada con un grado de su prana y energizada con un grado de su energía vital. Por lo tanto, en un sentido limitado, es realmente una parte proyectada de su personalidad.

# CAPÍTULO 7

# INFLUENCIA PSÍQUICA DE LOS COLORES

En todos los maravillosos procesos de la naturaleza encontramos muchas evidencias del gran principio de acción y reacción que como el movimiento del péndulo, hacia adelante y hacia atrás, van cambiando la causa en efecto y el efecto en causa, en una serie interminable.

También encontramos este principio en la relación psíquica de los estados mentales y los colores. Es decir que, así como encontramos que ciertos estados mentales y emocionales se manifiestan en vibraciones provocando determinados colores del aura astral, así también encontramos que la presencia de ciertos colores en el plano físico tendrá un efecto psíquico sobre los estados mentales y emocionales de las personas sujetas a su influencia. Y, como es de esperar por el estudiante reflexivo, los colores astrales particulares manifestados en el aura por la presencia de algún estado mental o emocional particular, corresponden exactamente con los colores físicos particulares que influyen en el estado mental o emocional en particular.

Ilustrando las declaraciones del párrafo anterior, yo diría que la presencia continua de rojo será apta para establecer vibraciones de ira, la pasión, el amor físico, etc., o, en un tono diferente, las emociones físicas más elevadas. El azul, del tinte correcto, tenderá a provocar sentimientos de espiritualidad, emoción religiosa, etc. El verde conduce a los sentimientos de relajación, descanso, tranquilidad, etc. El negro produce el sentimiento de tristeza y dolor. Y así sucesivamente, cada color tiende a producir vibraciones emocionales similares a los que manifiestan ese color en particular en el aura astral de la persona. Se trata de un caso de "dar y recibir" a lo largo de toda la escala de color y emociones, de acuerdo con las grandes leyes naturales.

Si bien la explicación de estos hechos no es conocida por la persona promedio, casi todo el mundo reconoce el sutil efecto de color y evita ciertos colores, mientras que buscan algunos determinados. No hay ni un sólo ser humano que no haya experimentado la sensación de descanso, calma, reposo y calmado influjo de fuerza en una habitación decorada en tranquilos tonos de verde. La naturaleza misma ha dado este tono particular al pasto y a las hojas de los árboles y plantas, ese es el efecto calmante que produce el escenario de campo.

El aura de una persona que experimenta estos sentimientos y cede a ellos manifiesta precisamente el matiz o tono de verde que se muestra en la hierba y lo deja alrededor suyo, por lo tanto, es verdad esta ley natural de acción y reacción.

Es conocido el efecto del color rojo sobre los animales, el toro, por ejemplo, bien se dice que hace que uno "vea rojo." La visión del color de la sangre es apta para despertar sentimientos de rabia o disgusto, a razón de la misma ley. La vista del hermoso y claro cielo azul tiende a despertar sentimientos de reverencia, admiración o espiritualidad. Uno nunca puede pensar en este tono de azul despertando la rabia; o el rojo despertando sentimientos de espiritualidad.

Es un hecho bien conocido que en los manicomios el uso del color rojo en la decoración debe ser evitado, mientras que se favorecen los tonos de azul o verde. Por otro lado, el uso de un rojo adecuado, en ciertos casos, tenderá a despertar la vitalidad y la fuerza física en un paciente. No es simple casualidad que la sangre que da vida sea de color rojo brillante cuando sale del corazón.

En el idioma inglés, cuando alguien se siente triste es común usar la expresión "feeling blue", traducida literalmente al español sería "sentirse azul", pero no se tiene la impresión de un color azul suave o brillante, sino en realidad es casi consciente de la presencia de un gris azulado opaco. Y la presencia de un color así alrededor de uno tiende a causar una sensación de depresión. Todos conocen el efecto de un "día gris" en otoño o primavera.

Por otro lado, ¿quién no conoce el sentimiento de exaltación mental que viene de la vista de un día con un sol radiante o de una dorada puesta de sol? Encontramos pruebas de esta ley de la naturaleza en todos los lados, cada día de nuestras vidas. Es un tema interesante que pagará muy bien al estudiante por el gasto de un poco de tiempo y reflexión sobre ello.

Hablando de las características generales de los tres grupos principales de colores, todos los ocultistas, así como muchos fisiólogos y psicólogos, están de acuerdo en las siguientes proposiciones fundamentales: (1) El rojo es estimulante para la mente y las emociones; (2) El amarillo es inspirador, levanta y es un estimulante intelectual; y (3) El azul es fresco, relajante y calmante. También se admite universalmente que los tonos correctos de color verde (que combina las cualidades de azul y amarillo en las proporciones adecuadas) es el color ideal para el descanso y la recuperación, seguido de un estímulo y una nueva ambición. La razón de esto puede verse si tenemos en cuenta las respectivas cualidades de azul y amarillo que componen este color.

Es interesante notar que la ciencia de la medicina está considerando seriamente el uso de colores en el tratamiento de la enfermedad y las mejores autoridades médicas que investigan el tema están verificando las enseñanzas de los antiguos ocultistas, con respecto a la influencia de los colores en estados mentales y condiciones físicas.

El Dr. Edwin Babbitt, un pionero en esta línea en el mundo occidental, en pocas palabras dio los principios generales cuando estableció la siguiente regla: "Hay una serie de graduaciones en las peculiares potencias de colores, el centro y el clímax de la acción eléctrica que enfría los nervios está en el púrpura; el clímax de la acción eléctrica que es calmante para el sistema vascular está en el azul; el clímax de la luminosidad está en el amarillo y el clímax del calor está en el rojo. Esto no es una división imaginaria de las cualidades, sino una real, el color rojo como flama tiene un principio de calor en sí mismo; el azul y el púrpura, un principio de frío y electricidad, por lo tanto, tenemos muchos estilos de acción cromática, incluyendo la progresión de los tonos, de luces y sombras, de finura y tosquedad, de energía eléctrica, energía luminosa, energía térmica, etc".

Lee la declaración anterior del Dr. Babbitt y luego compárala con la enseñanza oculta con respecto a los colores astrales y percibirás la base real de la ciencia que el buen doctor trató de establecer y en la que hizo un excelente trabajo pionero. El resultado de su trabajo está siendo elaborado por los médicos modernos en las grandes escuelas de medicina, particularmente en Europa.

El ocultista avanzado también encuentra mucha satisfacción en el interés por parte de los médicos y juristas en el tema de la influencia del color sobre el bienestar mental, moral y físico de las personas. El efecto de color sobre la moralidad está siendo observado por los trabajadores para el bienestar humano, ocupando cargos importantes.

Las revistas estadounidenses presentaron el caso de un juez, en una gran ciudad occidental de ese país, que insistía que su juzgado debía ser decorado en tonos claros y alegres, en lugar de los antiguos tonos sombríos y deprimentes empleados anteriormente. Este juez sabiamente comentó que el brillo llevaba al pensamiento correcto y la oscuridad al pensamiento equivocado; también en su corte, siendo un tribunal elevado, debería disponer de muros en correspondencia, ya que ser obligado a sentarse en un tribunal oscuro y sombrío día tras día, era suficiente para convertir a cualquier hombre en un criminal.

Este buen juez, quien debe haber tenido algún conocimiento de las enseñanzas ocultas, es citado en la conclusión de la siguiente manera: "Blanco, crema, amarillo claro y naranja son los colores más sanos. Puedo añadir color verde claro, porque ese es el color predominante en la naturaleza; negro, marrón y rojo intenso incentivan a la delincuencia, un hombre con ira ve rojo". Sin duda ¡una notable expresión!

El efecto de la combinación de colores sobre el bienestar moral y mental de las personas está siendo reconocido en la dirección de proporcionar combinaciones de colores más brillantes en escuelas, hospitales, reformatorios, cárceles, etc. Los informes naturalmente muestran la correcta teoría subyacente. El color de una pequeña flor tiene su efecto aún sobre el prisionero más endurecido; mientras que las mentes de los niños en la escuela se aceleran por un toque de brillo aquí y allí en la habitación. No se necesita ningún argumento para probar el efecto beneficioso de la clase correcta de los colores en la habitación del enfermo o sala de hospital.

Las teorías predominantes y la práctica en relación con el empleo del color en el trabajo terapéutico y en el bienestar de las personas, en su mayor parte, son correctas. Sin embargo, insto al estudio del significado oculto del color, como se menciona en este libro, en relación con el aura humana y sus colores astrales como una base sólida para una comprensión inteligente y profunda de los principios psíquicos subyacentes a la aplicación física de los métodos referidos. Anda al centro del tema y luego trabaja hacia lo externo, esa es la verdadera regla del ocultista que bien podría ser seguida por el público en general.

# CAPÍTULO 8

# MAGNETISMO ÁURICO

El fenómeno del magnetismo humano está muy bien reconocido por el público en general como para requerir argumento en este momento. Dejemos que los científicos discutan sobre ello tanto como quieran, en el fondo del corazón de casi todas las personas de la raza está la convicción de que existe tal cosa. Por supuesto, los ocultistas están muy familiarizados con las maravillosas manifestaciones de esta gran fuerza natural y con su efecto sobre las mentes y los cuerpos de los miembros de la raza, y pueden permitirse el lujo de sonreír ante los intentos de algunas de mentes estrechas en las universidades por ignorar la materia.

Pero la persona promedio no está familiarizada con la relación que existe entre este magnetismo humano y el aura humana. Creo que el estudiante debe familiarizarse con esta relación fundamental, con el fin de razonar correctamente sobre el tema del magnetismo humano. Aquí está el hecho fundamental en pocas palabras: El aura humana es el gran almacén o depósito del magnetismo humano y es la fuente de todo el magnetismo humano que es proyectado por el individuo hacia otros individuos.

Cómo se genera el magnetismo humano es una cuestión mucho más profunda, sin embargo, para nuestro propósito en este momento es suficiente explicar el hecho de su almacenamiento y transmisión.

En los casos de sanación magnética, etc., la cuestión es relativamente sencilla. En tales casos el sanador por un esfuerzo de la voluntad (a veces inconscientemente aplicado) proyecta un suministro de sus vibraciones de aura pránica en el cuerpo de su paciente, a través del sistema nervioso del paciente y también por medio de lo que puede llamarse la inducción del aura misma.

La simple presencia de una persona fuertemente cargada con prana, a menudo es suficiente para causar un desbordamiento en el aura de otras personas, con el resultante sentimiento de una nueva fuerza y energía. Mediante el uso de las manos del sanador se produce un mayor efecto, debido a ciertas propiedades inherentes en el sistema nervioso de ambos, el sanador y el paciente.

Incluso hay un flujo de sustancia etérica desde el aura del sanador al del paciente, en casos en que la vitalidad de este último es muy baja. Muchos sanadores, realmente y literalmente, bombean su fuerza vital y sustancia etérica en el cuerpo de su paciente cuando éste se hunde en la debilidad que precede a la muerte, y al hacerlo, han podido traerlo de vuelta a la vida y la fuerza. Esto es prácticamente similar a la transfusión de sangre, excepto que es en el plano psíquico en lugar del físico.

Pero el trabajo del sanador magnético no se detiene aquí, si está bien informado con respecto a su ciencia. El sanador instruido, conociendo el potente efecto de los estados mentales sobre las condiciones físicas – de las vibraciones mentales sobre los centros nerviosos físicos y órganos del cuerpo – se esfuerza por despertar las vibraciones mentales adecuadas en la mente de su paciente. Por lo general, lo hace simplemente manteniendo su mente en el correspondiente estado mental deseado y así despierta vibraciones similares en la mente del paciente. Esto por sí mismo es una poderosa arma de sanación y constituye la esencia de la sanación mental como habitualmente se practica. Pero hay una posible mejora incluso en esto, como veremos en un momento.

El ocultista avanzado, considerando la ley de acción y reacción en el asunto de los colores áuricos, realiza su trabajo de sanación de la siguiente manera: Él no sólo sostiene en su mente el fuerte sentimiento y el pensamiento que desea transmitir al paciente, sino (fija esto en tu mente) él también observa en su imaginación el tipo particular de color que corresponde con el sentimiento o el pensamiento en cuestión.

Un momento de reflexión te mostrará que con este curso él prácticamente multiplica el efecto. No sólo sus propias vibraciones mentales establecen las correspondientes vibraciones en la mente del paciente por la ley de transferencia de pensamiento, sino que su pensamiento de ciertos colores producirá las vibraciones correspondientes no sólo en su propia aura y desde allí a la del paciente, sino que también actuará directamente sobre el aura del paciente y reproducirá los colores allí, los que a su vez despertarán las vibraciones correspondientes en la mente del paciente, por la ley de reacción.

Lo anterior puede sonar un poco complicado en la primera lectura, pero un poco de análisis te mostrará que es realmente un proceso bastante simple, actuando estrictamente a lo largo de las líneas de acción y reacción, cuya ley se ha explicado en los capítulos anteriores de este libro. Las vibraciones rebotan de la mente al aura y desde el aura a la mente, en el paciente, algo así como una bola de billar de un lado de la mesa al otro, o de una pelota de tenis entre las dos raquetas sobre la red.

El principio aquí mencionado puede emplearse también en lo que se denomina "tratamiento a distancia" como en tratamientos en los que el paciente está presente. Por las leyes de transferencia de pensamiento, no sólo el pensamiento sino también la imagen mental del color astral adecuado es transmitida a través del espacio y luego, incidiendo en la mente del paciente, es transmitida en vibraciones útiles y saludables en su mente.

El sanador de cualquier escuela de sanación mental o espiritual encontrará este plan muy útil para dar tratamientos, tanto presenciales como a distancia. Yo lo recomiendo por años de experiencia personal, así como la de otros ocultistas avanzados. Por supuesto, el hecho de que el sanador común no sea capaz de distinguir los matices más finos de color astral, debido a que en realidad no los ha percibido manifestados en el aura, hace el empleo de este método menos eficaz que el del ocultista desarrollado y entrenado. Sin embargo, a partir del conocimiento de los colores áuricos o astrales dados en este pequeño libro, será capaz de obtener resultados satisfactorios y bastante marcados en su práctica. La siguiente tabla, aprendida de memoria, será de ayuda en materia del empleo de la imagen mental de los colores del aura en su trabajo de sanación.

## TABLA DE COLORES PARA SANACIÓN

Sistema Nervioso
• Refrescantes y Calmantes: Tonos de violeta, lavanda
• Descanso y Efecto Vigorizante: Verdes de la hierba
• Inspirador e Iluminador: Amarillos medios y Naranja
• Estimulantes y Exaltantes: Rojos (brillantes)

Sangre y Órganos
• Refrescantes y Calmante: Azules oscuros
• Descanso y Vigorizante: Verdes de la hierba
• Inspirador e Iluminador: Amarillos anaranjados.
• Estimulantes y Exaltantes: Rojos brillantes.

Las siguientes sugerencias adicionales serán consideradas útiles para el sanador: En los casos de deterioro de la vitalidad física, también frialdad, falta de calor corporal, etc., son indicados los rojos cálidos brillantes. En los casos de estado febril, sangre sobrecalentada, excesiva presión de sangre, inflamación, etc., se indica el azul. El rojo tiene una tendencia a producir una acción renovada y más activa del corazón; mientras que los violetas y lavandas tienden a desacelerar el rápido latido del corazón. Un paciente nervioso puede ser tratado bañándolo mentalmente en un mar de color áurico púrpura o lavanda; mientras que una persona cansada, agotada, fatigada puede ser vigorizada inundándola con rojos brillantes, seguido de amarillos brillantes, terminando el tratamiento con un flujo constante de un cálido color anaranjado.

Para aquellos que estén lo suficientemente avanzados en la filosofía oculta, diría que deberían recordar el significado de la Gran Luz Blanca y en consecuencia concluir su tratamiento con una aproximación a ese color blanco claro puro en el aura, mentalmente, por supuesto. Esto dejará al paciente en un estado inspirado, exaltado e iluminado de la mente y el alma, lo que será de gran beneficio para él y también tendrá el efecto de revitalizar al sanador por la energía cósmica o para-prana.

Todo lo que se ha dicho en este capítulo en relación con el uso del color en los tratamientos magnéticos es igualmente aplicable a los casos de autosanación o autotratamiento. Deja que el paciente siga las instrucciones dadas anteriormente por el sanador y luego vuelve la corriente de sanación o el pensamiento hacia el interior y el resultado será el mismo que si estuvieras tratando a otro. El individuo pronto encontrará que ciertos colores se adaptan mejor a sus necesidades que otros, en cuyo caso déjalo seguir esa experiencia en lugar de las normas generales, porque generalmente la intuición es la guía más segura en estos casos. Sin embargo, verás que la experiencia individual con frecuencia estará de acuerdo con las tablas dadas anteriormente, con ligeras variaciones personales.

# CAPÍTULO 9

## DESARROLLO DEL AURA

Cuando se recuerda que el aura del individuo afecta e influye en otras personas con las que entra en contacto y que, de hecho, es una parte importante de su personalidad, se verá que es fundamental que el individuo se esfuerce en desarrollar su aura en la dirección de las cualidades deseables y neutralice y elimine las indeseables. Esto es doblemente cierto cuando se tiene en cuenta además que, de acuerdo con la ley de acción y reacción, las vibraciones áuricas reaccionan sobre la mente del individuo, intensificando así y adhiriendo combustible a los estados mentales originales que las despertaron. Desde cualquier punto de vista, se ve que desarrollar el aura de acuerdo con los principios científicos ocultos es una parte importante del desarrollo personal y de la formación del carácter.

En este trabajo de desarrollo del aura se encuentran dos fases correlacionadas: (1) el trabajo directo de inundar el aura con las mejores vibraciones, por medio de sostener en la mente imágenes mentales claras, definidas y repetidas de las ideas y sentimientos deseables; y (2) el efecto agregado de imágenes mentales de los colores correspondientes a las ideas y sentimientos que se consideran deseables y dignos de desarrollo.

La primera de las fases mencionadas anteriormente es probablemente mucho más familiar para el estudiante promedio que la segunda. Esto debido a que el estudiante promedio tiende a estar más o menos familiarizado con las enseñanzas de las numerosas escuelas que están de acuerdo con el axioma de que "sostener el pensamiento" tiende a desarrollar la mente del individuo a lo largo de las líneas particulares de tal pensamiento.

Este es un principio psicológico correcto, incluso cuando quienes los practican no entienden plenamente los hechos subyacentes. Las facultades mentales, como los músculos físicos, tienden a desarrollarse por el ejercicio y uso, y cualquier facultad puede ser desarrollada y cultivada de este modo.

Otra enseñanza de estas mismas escuelas es que el carácter de los pensamientos "sostenidos" por el individuo afecta a otras personas con las que entra en contacto y de alguna manera atrae a él las cosas, personas y circunstancias en armonía con tales pensamientos. Esto también está de acuerdo con la mejor enseñanza oculta, de la cual fue originalmente derivada.

Sinceramente apoyo los hechos de estas enseñanzas y las declaro fundamentalmente correctas. En este sentido, puedo decir que todo sanador puede aplicar sus propios métodos además de esta enseñanza relacionada con el aura y así obtener resultados mucho mayores.

Sosteniendo fiel y perseverantemente en la mente ciertas ideas y sentimientos, el individuo puede inundar su aura con las vibraciones y los colores de estas ideas y sentimientos, por lo tanto, cargarla con energía áurica y poder. Al hacerlo obtiene el beneficio de la reacción en su propia mente y asegura también la ventaja de su efecto sobre otras personas con las que entra en contacto. De este modo, no sólo construye su carácter individual a lo largo de las líneas deseables, sino que al mismo tiempo desarrolla una "personalidad" fuerte, positiva y atractiva que afecta a los demás con los que entra en contacto.

No considero que sea necesario entrar en detalles aquí con respecto a esta fase de "sostener el pensamiento" porque, como ya he dicho, el estudiante promedio ya está familiarizado con las reglas referentes a la misma. Sin embargo, en pocas palabras, tengo que decir que cada individuo es en gran medida el resultado de los pensamientos que ha manifestado y los sentimientos que ha albergado. Por lo tanto, la regla es manifestar y ejercitar las facultades que quieres desarrollar e inhibir o abstenerse de manifestar las que deseas restringir o controlar.

Para restringir una facultad indeseable desarrolla y ejercita su opuesto: acaba con las negativas desarrollando las positivas. La mente produce el pensamiento, sin embargo, tiende a crecer a partir de la porción particular de su propio producto, el cual puedes optar por alimentar - ya que no sólo crea el pensamiento, sino que también se alimenta de él. Entonces, deja que se produzca el mejor tipo de pensamiento para ti y luego lánzalo de nuevo en la tolva, porque lo usará para moler más del mismo tipo y al hacerlo se hará más fuerte. Ese es todo el asunto en pocas palabras.

La segunda fase del desarrollo del aura, clasificada anteriormente, probablemente no es familiar para el estudiante promedio por la sencilla razón de que no se conoce fuera de los círculos ocultistas avanzados y muy poco se ha permitido que se enseñe respecto a ella. Sin embargo, la misma reticencia al respecto es una prueba de su importancia y yo recomiendo a mis alumnos que le den la atención y la práctica que merece. La práctica es extremadamente simple y el principio de la práctica se basa únicamente en los hechos de la relación del color y de los estados mentales, como se muestra en los colores del aura astral, como se explicó en los capítulos anteriores de este libro.

Con el fin de practicar de forma inteligente el desarrollo del aura inundándola o cargándola con las vibraciones de colores psíquicos, primero es necesario que el estudiante esté completamente familiarizado con la escala de colores relacionados con cada conjunto de estados mentales o sentimientos emocionales. Esta escala y su clave se encuentra en los capítulos anteriores. El estudiante debe volver atrás las páginas de este libro y luego, cuidadosamente, releer y volver a estudiar cada palabra que se ha dicho en relación con los estados mentales y los colores áuricos. Él debe saber la correspondencia mental de los tonos de rojo, amarillo y azul, tan a fondo, que el pensamiento de uno traerá la idea del otro. Él debe ser capaz de pensar en el grupo correspondiente de colores en el momento en que piensa en cualquier estado mental en particular. Debe estar completamente familiarizado con el efecto físico, mental y espiritual de cualquiera de los colores y además debe probarse a sí mismo psíquicamente para determinar los efectos individuales de ciertos colores sobre sí mismo. Debe entrar en este estudio con interés y seriedad, luego, manteniendo los ojos y los oídos abiertos, percibirá hechos interesantes sobre el tema por todas partes en su trabajo y vida diaria. Percibirá muchas pruebas del principio y pronto tendrá una serie de experiencias que ilustran cada color y su estado mental correspondiente. Él será recompensado abundantemente por el trabajo de estos estudios que, de hecho, pronto serán más como placer que como trabajo.

Habiendo dominado esta fase del tema, el estudiante debe darse a sí mismo un exhaustivo, honesto autoexamen y análisis mental. Debe escribir sus puntos fuertes y sus puntos débiles. Debe examinar los rasgos que deben desarrollarse y los que deben ser restringidos. Debe determinar si se necesita un desarrollo a lo largo de las líneas físicas, mentales y espirituales, y en qué grado. Después de haber hecho este cuadro de sí mismo, debe aplicar los principios de cargar el aura con las vibraciones del color indicado por su autodiagnóstico y prescripción.

La última etapa es bastante simple una vez que uno ha adquirido la idea general de la misma. Consiste simplemente en formar una imagen lo más clara posible del color o colores deseados, y luego proyectar las vibraciones en el aura con el esfuerzo de la voluntad. Esto no significa que uno tiene que golpear con el puño o fruncir el ceño con la voluntad. En el sentido oculto, puede decirse que la voluntad consiste en una orden, dejando el resto al mecanismo de la voluntad y la mente.

Saca el obstáculo de la duda y el miedo, entonces la Orden Real realiza el trabajo de poner la voluntad en funcionamiento. Por cierto, esto es un importante secreto oculto de amplia aplicación, intenta dominar todo su importante significado.

La imagen mental de colores puede ser ayudada materialmente por la concentración en el material físico del color correcto. Por ejemplo, concentrando la atención y la visión sobre una flor roja, o en otro caso, sobre una hoja verde, uno puede ser capaz de formar una imagen mental clara y positiva de ese color en particular. Esto acompañado de la voluntad y la demanda de que las vibraciones de este color carguen el aura, lograrán el resultado. Mantén algo a tu alrededor que muestre los colores deseables y tu atención casi instintivamente tomará la impresión de los mismos, aunque estés pensando o haciendo otra cosa. Vive tanto como sea posible en la idea y la presencia del color deseable y tendrás el hábito de establecer la imagen mental y la vibración del mismo. Un poco de práctica y la experiencia pronto te dará la idea y te permitirá obtener los mejores resultados. La paciencia, la perseverancia y el sostenido interés son la clave del éxito.

## CAPÍTULO 10

## EL AURA PROTECTORA

Entre las más antiguas enseñanzas del ocultismo encontramos instrucciones relativas a la construcción y el mantenimiento del aura protectora del individuo, con lo que se hace a sí mismo inmune a las influencias indeseables ya sean físicas, mentales, psíquicas o espirituales.

Esta enseñanza es tan importante, que es lamentable que en los últimos años los escritores no hayan dicho mucho más sobre el tema. El problema con muchos de estos escritores recientes es que parecen querer cerrar los ojos ante los hechos desagradables de la vida y mirar sólo los agradables. Pero esto es un error, porque la ignorancia nunca ha sido una virtud y cerrar los ojos ante los hechos desagradables no siempre resulta en la destrucción de ellos. Considero que es una instrucción inacabada e inadecuada aquella que no incluye instrucción en las líneas de protección.

La protección áurica física consiste en cargar el aura de magnetismo vital y color, que tenderá a evitar no sólo el contagio físico de las personas enfermas, sino lo que es a menudo todavía más importante, el contagio de su mente y sentimientos.

El estudiante que realmente ha estudiado los capítulos anteriores se dará cuenta de inmediato que esta protección se adquiere llenando el aura con las vibraciones de la salud y la fuerza física mediante la imagen mental de los rojos que preservan la vida y el ejercicio de la mente en la dirección del pensamiento de fuerza y poder. Estas dos cosas tenderán a aumentar considerablemente la resistencia del aura de cualquier persona y lo ayudará a deshacerse de las influencias de enfermedades que afectan a otros.

El aura del exitoso médico y el sanador, en presencia de enfermedad, invariablemente mostrará la presencia del color rojo brillante positivo en el aura, acompañado por las vibraciones mentales de fuerza, poder, confianza y ausencia de miedo. Esto en relación con el círculo áurico, que se describirá, será de gran valor para sanadores, médicos, enfermeras, etc., así como para aquellos que se pone en contacto íntimo con personas enfermas.

Prácticamente del mismo grado de importancia es cargar el aura con las vibraciones de protección mental, es decir, las vibraciones de color naranja, amarillo y colores similares. Como recordarás, estos son los colores del intelecto, y cuando el aura se carga y se inunda con ellos actúa como una protección para los esfuerzos de otros para convencerle a uno en contra de su voluntad mediante argumentos sofistas, razonamientos plausibles, ilustraciones falaces, etc. Le da a uno una especie de iluminación mental, agilizando las facultades perceptivas e iluminando los poderes de razonamiento y juicio y finalmente, dando una aguda ventaja a los poderes de réplica y respuesta.

Si asumes la actitud mental positiva correcta e inundas tu aura con las vibraciones mentales del color amarillo-anaranjado, los esfuerzos mentales de otras personas van a rebotar de tu aura. En esos momentos es bueno llevar la imagen mental de tu cabeza siendo rodeada por un aura dorada o halo, esto es especialmente eficaz como un casco protector cuando eres asaltado por el intelecto o argumentos de los demás.

Existe una tercera forma de aura protectora, que es la protección del bienestar emocional de uno, y esto es muy importante si se recuerda la frecuencia con la que somos movidos a la acción por nuestras emociones, más que por nuestro intelecto o razón. Protegerse de las propias emociones es proteger lo más íntimo del alma, por así decirlo. Si podemos proteger nuestros sentimientos y el lado emocional, podremos utilizar nuestros poderes de razonamiento e intelecto mucho más efectivamente, como todos saben por experiencia.

¿Qué color debemos usar en este tipo de protección áurica? ¿Alguien puede tener esa duda aquí, si ha leído los capítulos anteriores? ¿Cuál es el color de la protección emocional? Azul, por supuesto. El azul controla esta parte de la mente o el alma. Elevándonos a nosotros mismos a las vibraciones del positivo color azul, dejamos atrás las emociones y los sentimientos más bajos y somos transportados hacia los reinos superiores del alma, donde estas bajas vibraciones e influencias no pueden seguirnos. De la misma manera, el aura de color azul actuará como una armadura para protegernos del contagio de las bajas pasiones y los sentimientos de los demás.

Si estás sometido a influencias malignas o al contagio de esas emociones que albergan bajas emociones y deseos, harás bien en adquirir el arte de inundar tu aura con los positivos tintes azules. Realiza un estudio de azules brillantes y claros e instintivamente selecciona el que mejor se adapte a tus necesidades. La naturaleza nos da este conocimiento instintivo si lo buscamos, luego aplícalo cuando lo encuentres.

El aura de los grandes maestros morales, grandes sacerdotes y predicadores, ocultistas avanzados, de hecho, todos los hombres de elevados ideales que trabajan entre los más bajos en la escala moral, siempre se encuentran cargados de un bello color azul claro, que actúa como una protección cuando están excesivamente expuestos al contagio moral o emocional.

El desconocimiento de las leyes ocultas ha causado la caída de muchos de los grandes maestros morales, quienes podrían haberse protegido a sí mismos de esta manera en momentos de fuerte ataque de vibraciones bajas, si hubieran conocido la verdad. La persona que conozca esta ley y que la aplique será absolutamente inmune del contagio del mal en el plano emocional del ser.

## EL GRAN CÍRCULO ÁURICO

Ninguna instrucción oculta sobre este tema estaría completa sin una referencia al gran círculo áurico de Protección, que es un refugio para el alma, la mente y el cuerpo, contra las influencias psíquicas externas, dirigidas consciente o inconscientemente contra el individuo.

En estos días de amplia difusión – aunque imperfecta - del conocimiento de los fenómenos psíquicos, es especialmente importante que uno esté informado de este gran escudo de protección. Omitiendo toda referencia a la filosofía subyacente, se puede decir que este círculo áurico se forma haciendo la imagen mental, acompañada de la demanda de la voluntad, del aura rodeada de una gran banda de Luz Blanca, Pura y Clara. Un poco de perseverancia te permitirá crear esto en el plano astral y aunque en realidad no se puede ver (a menos que tengas la visión astral) vas a sentir su presencia protectora, de modo que sabrás que está allí protegiéndote.

Este Circulo Áurico Blanco será una armadura eficaz e infalible contra todas las formas de ataque o de influencia psíquica, no importa de quien pueda emanar, o si se ha dirigido consciente o inconscientemente. Es una protección perfecta y absoluta y el conocimiento de su poder protector debe ser suficiente para eliminar el miedo del corazón de todos los que han temido influencia psíquica, "magnetismo malicioso" (así llamado), o cualquier otra cosa por el estilo, por cualquier nombre conocido. También es una protección contra vampirismo psíquico o drenaje de la fuerza magnética.

Por supuesto, el Círculo Áurico es realmente en forma de huevo u ovalado, ya que bordea el aura como la cascara envuelve al huevo. Mentalmente, mírate como rodeado de este Gran Circulo Áurico Blanco de Protección y deja que la idea se sumerja en tu conciencia. Date cuenta de su poder sobre las influencias del exterior y regocíjate en la inmunidad que te da.

Sin embargo, el Círculo Áurico admitirá cualquier impresión externa que realmente desees que venga a ti, mientras que excluirá las demás. Es decir, con esta excepción, si tu alma interna reconoce que algunas de estas influencias e impresiones deseadas son aptas de hacerte daño (aunque tu razón y sentimiento no lo sepan) se les negará la admisión a tales impresiones. Porque la Luz Blanca es la radiación del Espíritu, que es superior a la mente común, la emoción o el cuerpo y es Maestro de Todo. Su poder es tal que, a pesar de que podamos representarlo mentalmente de manera imperfecta, ante su energía y en su presencia en el aura, todas las vibraciones más bajas se neutralizan y se desintegran.

La enseñanza oculta más alta y más profunda es que la Luz Blanca nunca debe ser utilizada con el propósito de ataque o beneficio personal, pero adecuadamente puede ser utilizada por cualquier persona, en cualquier momento, para protegerse contra las influencias psíquicas contra las cuales protesta el alma. Es la armadura del alma y puede emplearse cuando sea o donde sea que surja la necesidad.

A lo largo de las páginas de este pequeño libro se han esparcido migajas de enseñanzas distintas de las relacionadas solo con el aura. Aquellos para los que están destinadas las reconocerán y se apropiarán de ellas, los otros no las verán y las pasarán por alto. Uno atrae lo propio hacia sí. Mucha semilla se debe esparcir aun en lugares donde se desperdiciará, de modo que, aquí y allá un grano encuentre cabida en un rico suelo en espera de su llegada. El verdadero conocimiento oculto es poder práctico y fuerza. Cuidado de degradar las enseñanzas superiores con fines egoístas y propósitos innobles. Proteger y preservar tu propia voluntad es correcto; tratar de imponer tu voluntad sobre la de otro es incorrecto. La resistencia pasiva a menudo es la forma más fuerte de resistencia, esto es bastante diferente de la no-resistencia.

Fin

79

Sabiduría de Ayer, para los Tiempos de Hoy

www.**wisdom**collection.com

www.ingramcontent.com/pod-product-compliance
Lightning Source LLC
Chambersburg PA
CBHW031413040426
42444CB00005B/546